€ 2,50

ANTJE-SABINE NAEGELI

Einen Engel wünsche ich dir

ANTJE-SABINE NAEGELI

Einen Engel wünsche ich dir

Wenn Wege auseinandergehen

HERDER
FREIBURG · BASEL · WIEN

Umschlaggestaltung: Finken & Bumiller
Bildmotiv: A. Wiemer
Herstellung: Freiburger Graphische Betriebe
Gedruckt auf umweltfreundlichem,
chlorfrei gebleichtem Papier

ISBN 3-451-26647-4

K. P. gewidmet,
deren Trennungsweg ich begleiten durfte.
Unserer Begegnung verdanke ich
die entscheidenden Impulse zu diesem Buch.

Der Einsiedlerkrebs hat seine Wohnung in einem leergewordenen Schneckenhaus. Zwei- bis dreimal im Leben muss er dieses schützende Haus verlassen, weil es zu klein geworden ist. In dieser Zeit ist er ganz besonders gefährdet, und doch ist der Wechsel in ein grösseres Schneckenhaus um seines Lebens willen notwendig.

Auch für unsere Partnerbeziehung heisst es manchmal, dass wir die »alte Behausung«, wie gut oder wie wenig wir uns in ihr auch beheimatet gefühlt haben mögen, verlassen müssen.

Es kann in einer Zweierbeziehung aus verschiedenen Gründen »zu eng« werden. Wir können uns auseinanderentwickeln, einer kann den anderen am inneren Wachstum hindern, Liebe kann endgültig zerbrechen. Trennung ist gewiss nicht in jedem Fall eine Lösung, sie kann aber lebensnotwendig sein, wenn ein Mensch – und dies betrifft immer noch in erster Linie die Frauen – seelisch zu verkümmern und krank zu werden droht, weil der Partner die Probleme des eigenen Lebens nicht gelöst hat, sondern sie der Partnerin auf den Rücken lädt. Wenn eine Paarbeziehung Grabkammern statt Lebensräume bietet, ist es ein Akt der Würde und Selbstachtung, den Schritt der Trennung zu tun.

Wie der Einsiedlerkrebs sind wir in der Zeit des Fortgehenmüssens aus einem Raum, der uns nicht länger Lebensraum sein kann (oder es schlimmstenfalls nie sein konnte), besonders gefährdet, dem Zugriff von Angst und Unsicherheit, Scham, Wut und Ohnmacht ausgesetzt. Trennung ist eine Zeit der Krise.

Der Einsiedlerkrebs kann nicht ohne weiteres von einem Schneckenhaus in das nächste schlüpfen. Er muss suchen, Wege zurücklegen. Wenn er eine neue Behausung gefunden hat, bedarf es an Akrobatik grenzender Fähigkeiten, in sie hineinzugelangen.

Wir wissen, dass Trennung vom Partner, auch, wenn sie Befreiung bedeutet, Schwerstarbeit für die Seele sein kann. Es gilt Abschied zu nehmen von Lebensplänen, Verletzungen und Enttäuschungen zu verarbeiten, sich langsam vertraut zu machen mit einer neuen Lebenssituation, die uns in verschiedener Weise herausfordert. Neue Lebensmöglichkeiten liegen nicht einfach griffbereit vor der Tür, sondern erschliessen sich in der Regel erst nach mühevollen inneren Wegen. Menschen, die eine Trennung zu bestehen haben, bedürfen ganz besonderer Achtsamkeit und Sorgfalt von den Mitmenschen her und in der Art, wie sie mit sich selber umgehen. Die vorliegenden Texte wollen Erfahrungen, wie sie von betroffenen Menschen in dieser sensiblen Lebensphase gemacht werden, zur Sprache bringen und andererseits versuchen, auf diese Situation zu reagieren.

Fremd

Warst du
mir vertraut
wie kein anderer
Haben wir
Leben geteilt
Wenn ich
dich anschaue
erkenne ich dich
nicht wieder
Seltsam
dass ich
du
zu dir sage

Unauffindbar

Dein Lächeln
Eisblumen
hinter denen
du dich verbirgst
Gefrorene Freundlichkeit
die mir
den Atem
stocken lässt

Babylon holt uns ein

Vergeblich
breche ich
das Schweigen
Deine Angst
zerreisst meine Worte
und kehrt sie
in Niegesagtes
Babylon holt uns ein

Heimatlos

Keine Heimat gefunden
im Land der Versprechungen
Hoffnung auf Stein gesät
Mir lange verschwiegen
dass es ist
wie es ist

Vorbei der Traum

Wir sind nicht angekommen
bei uns
Vorbei der Traum
dass alles
noch einmal
beginnen könnte
Wir müssen zurückkehren
dorthin
wo wir nie
gewesen sind
jeder
an seinen Ort

Sein die ich bin

Ich will nicht
Baum sein
in deinem Park
Bedarfsgerecht zugeschnitten
nach deinen Wünschen
Meiner wahren Gestalt beraubt
Verzweigen
will ich mich
Wachsen
nach allen Seiten
Mich nicht ketten lassen
an Wohlgefälligkeit
Meinen Raum
will ich finden
Sein die ich bin

Dahinter ist Weinen

Du fliehst
vor meinem Distelgesicht
Sieh nach
meine Dornen sind weich
Dahinter ist Weinen
Wehrlos bin ich
bedrängt von der Angst
die ich verschweige

Vergeblich gewartet

Vergeblich
auf dich gewartet
im Land
jenseits
der Muttergebote
Grenzüberschreitungen
sind nicht
vorgesehen

Flucht

Ich höre dich reden
über die Zunahme
des Autoverkehrs
den Leitartikel
der Tageszeitung
Zum weiss nicht
wievielten Male
weist du mich hin
auf die Wichtigkeit
des Morgenkaffees
Indessen steht
unser Haus
in Flammen

Verlassenheit

Du stiehlst dich fort
Wortlos suchst du
das Weite
Fragen prasseln auf mich nieder
wie Hagelschlag
Da ist kein Entrinnen
Bist du der
den ich sah in dir
Weisst du
wer ich bin
Verlassen zu sein
wie bitter ist das
Ich stürze
von Abgrund
zu Abgrund

Verweigerung

Weg neben dir
endloser Pfad
ins Nirgendwo
Verlassenheit
und stummer Hunger
Im Namen des Lebens
Von heute an
verweigere ich
das Weitergehen
nehme ich
mein tödliches Versprechen
zurück
und breche endlich
ohne dich auf

Begreifen lernen

Allein
Ich schaue zurück
auf die endlose Kette
der Enttäuschungen
Tausend Warum
fallen über mich her
Leere und Verlassenheit
überfluten mich
Nicht eine Handvoll Glück
die ich zu bergen vermöchte

Mein Verstand
lernt mühsam begreifen
Aber das Herz
ist voller Entsetzen
und bäumt sich auf
gegen soviel Zerstörung

Ich schreibe mir Mut zu
und bitte mich
nicht nach morgen zu fragen
den heutigen Tag überleben
das ist genug

Abschied wagen

Abschied wagen
Vertrautes verlassen
Dich nicht an Verlorenes ketten
Fremdheit aushalten
Deine Träume wichtiger nehmen
als deine Angst

Aufbruch

Den weiten Weg
des Begreifens gehen
Seite an Seite
mit dem Zweifel
Seite an Seite
mit der Angst
bis dir die Kraft wächst
den Ort zu verlassen
der dein Leben
verkümmern lässt.

Bruder Schmerz

Nicht Feind
Bruder bist du
Schmerz
du drängst mich
zur rettenden Flucht
weckst mir den Mut
mich nicht mehr fesseln zu lassen
von fremder Erwartung
Ohne dich
würde ich verkümmern
mich einrichten
in der Verlassenheit

Du lässt mich fragen
nach dem was mein Leben heilt
du treibst mich
meine Träume auszugraben
aus der Vergessenheit
verschüttete Brunnen zu suchen
Nicht Feind
Bruder bist du
Schmerz
Du machst mich lebendig
und führst mich zu mir

Dazwischen

Zwischen
nicht mehr
und
noch nicht
wohnt die Angst
Ich tröste mich
mein Herz
kennt
den Weg
zugvogelgleich

Mich öffnen
der Kraft,
die mich aushalten lässt,
wenn mein Weg sich verliert
im Ungewissen
und die Angst
tausend Gespenster weckt.

Mich finden lassen
von dem, was überleben hilft,
wenn ich verwundet bin
und meine Haut
dünn und rissig wird.

Worte suchen,
die mich bewahren
vor dem Verstummen.
Geschehen lassen,
dass ich zuweilen
nichts tun kann
als geduldig warten,
bis Ende und Anfang
einander die Hand reichen.

Du bist fort.
Für immer gegangen.
Ich weiss es
und kann es doch nicht fassen.
Es kommt mir vor
wie ein böser Traum.
Täglich höre ich
deine Schritte vor der Tür.
Mein Herz klopft laut
vor Erwartung.
Und doch weiss ich,
dass meine Sinne mich täuschen.
Ein böses Spiel
treibt die Sehnsucht mit mir.
Verlassen bin ich,
begraben unter den Trümmern
unserer gemeinsamen Welt.
Ich fühle keinen Boden mehr
unter meinen Füssen.
Mein Körper verkrampft sich
vor Angst.
Ich wage mich nicht
unter die Menschen.
Überall sehe ich Paare.
Überall entbehre ich dich.
Auch zuhause bin ich verloren,
ausgesetzt den Erinnerungen.

Ich möchte fliehen
und weiss doch nicht wohin.
Tag und Nacht bin ich preisgegeben
dem Zugriff quälender Fragen.
Warum hast du alles zertreten,
was gewachsen ist
zwischen dir und mir?
Warum bist du gegangen?

Eines Tages vielleicht

Vielleicht
kann ich
eines Tages
an dich denken
ohne
sterben zu müssen
Vielleicht

Überall du

Überallnirgends
begegne ich dir
Den Bogen deiner Brauen
erkenne ich wieder
deine gesenkten Lider
in fremden Gesichtern
Manchmal
nur einen Augenblick lang
bewegt sich einer
wie du
Ein anderer lacht
dein Lachen
Nachts trommelt der Regen
deinen Namen
gegen die Fensterscheiben
Aber der Sternenhimmel
baut keine Brücken mehr
zwischen dir
und mir

Verbotener Wunsch

Wenn du doch kämst
und all das Bittre
wäre nichts
als böser Traum
Bleib fort
Es darf das Unheil
nicht von vorn beginnen
Ich habe
lange genug
an Märchen geglaubt

Keine Mauern

Der Traum
hat keine Mauern
Du kommst
ungerufen
und das Erwachen
ist Schmerz

Du gehst fort.
Du mutest dir nicht länger zu,
dich auszuliefern
an männliche Selbstsucht.
Du hast aufgehört,
still vor dich hinzuleiden.
Du machst dir nicht mehr vor,
dass er sich eines Tages
doch ändern wird.
Du nimmst dich in Schutz.
Du nimmst dein Leben
selbst in die Hand
trotz deiner Angst.
Du bist eine mutige Frau.

Die Nachtwolken
an deinem Himmel
kann ich nicht vertreiben,
deinen Schmerz
kann ich nicht von dir nehmen,
das Verlorene
nicht wiederbringen.
Lass mich dennoch,
arm, wie ich bin,
an deiner Seite bleiben
bis das Leben
die zarte Spur der Hoffnung
in dein Herz zeichnet.

Deine Klage mein Schweigen

Ich sage nicht
Steh auf
meine Schwester
denn ich weiss
deine Füsse
tragen dich nicht
Zu Boden drückt dich
das Felsgestein
der Verlassenheit
Gelähmt
dein Atem
Gebrochen
die Flügel
Kein Himmel mehr
über dir
Zerrinnender Sand
meine Worte
Wirf deine Klage
in mein Schweigen

Es ist gut,
einen neuen Anfang zu wagen.
Zuversicht
möge dich begleiten
wie eine Freundin,
deren Gegenwart dich stärkt.
Der Geist des Vertrauens
möge überwachsen,
was zerrissen ist in dir,
dass dein Blick sich weite
und du das Kostbare erkennst
neben dem Nichtigen,
das Tröstende
an der Seite des Erschreckenden,
das Heilende
neben dem Versehrenden,
den Raum der Freiheit
inmitten allen Gefangenseins.
Mögest du dieses Leben
in all seinen Widersprüchen
an dein Herz nehmen können
und getrost deinen Weg gehen.

Erinnere dich

Lass auferstehen
die Worte
die dir Arche waren
in der Gesternflut
Lass auferstehen
die Umarmung
die dich
für Augenblicke
ans Ufer trug
Wecke die Lieder
gegen die Angst
Lass auferstehen
das Wissen
dass du den Untergang
mehr schon als einmal
überlebt hast

Ich wünsche dir,
dass du aushalten kannst
im wirren Durcheinander
der Gedanken und Gefühle,
in Zorn und hilflosem Fragen.
Mögest du behütet bleiben
auf den Wegen der Trauer
bis das Dunkel
dich freigeben muss
und ein neuer Tag heraufsteigt.

Einen Engel wünsche ich dir,
dich bei der Hand zu nehmen
auf dem Weg der Angst,
dass du nicht umkommst
in deiner Verlassenheit.
Mögest du finden,
was deine Seele braucht,
um nicht zu verkümmern.
Ich wünsche dir,
dass du dir nicht verlorengehst
inmitten der Erschütterung,
dass Zorn und Wut
sich nicht gegen dich selber richten,
sondern dir Kraft geben,
dich vom Gestern zu lösen.
Mögest du davor bewahrt sein,
dich aufzugeben,
weil du vergeblich gekämpft hast,
dem Leben die Tür zu weisen,
weil es dir schwer zu tragen gibt.
Einen Engel wünsche ich dir,
dich heilend zu berühren
und Zuversicht keimen zu lassen,
wo alles verloren scheint.

Wenn du dich selber
nicht mehr verstehst,
weil du hin- und hergeworfen wirst
zwischen Flucht und verzweifeltem Festhalten,
dann wünsche ich dir,
dass du dir geduldig
und verstehend begegnen darfst.
Es ist nicht leicht,
in einem aufgewühlten Meer
die Richtung der Wellen zu erkennen.
Es ist nicht leicht,
entschlossen seinen Weg zu gehen,
wenn die Angst
dich auf Altes zurückwirft.
Manchmal werden es Träume sein,
die dir den Mut zurückgeben.
Manchmal werden schmerzliche Erfahrungen
neuer Bestätigung bedürfen,
um Rückenwind zu erlangen.
Ein verstehender Mensch
kann entwirren helfen,
was du allein nicht zu ordnen vermagst.
Mögest du am Ende dorthin finden,
wo dein Leben gedeihen kann.

Manchmal wünschst du dir,
die Jahre des Unglücks
aus deinem Gedächtnis streichen zu können,
dich nicht mehr erinnern zu müssen
an Verlassenheit
und immer neues Verletztwerden.
Wie gut ist das zu verstehen.
Und doch: Wenn du vergisst,
kannst du nicht weitergehen
auf deinem inneren Weg.
Deine Gefährdungen
werden dir verborgen bleiben,
und du wirst nicht
zu deinen Möglichkeiten finden.
Erinnerung ist der Boden,
auf dem unter Schmerzen
Neues wachsen kann,
wenn du es zulässt.

Du musst nur wollen,
sagen sie,
und schütten dich zu
mit gutgemeinten Ratschlägen.
Als ob du nicht längst gehandelt hättest,
wenn du könntest,
wie du wolltest,
als ob die Tür,
die nach draussen führt,
sich ohne weiteres öffnen liesse...
Wenn die »Tröster« trösten könnten,
würden sie dir die Hoffnung hüten,
dass das Leben selber
den Weg zu dir findet,
mächtig genug, Mauern zu sprengen
und Erstarrtes zu bewegen,
farbig genug, die graue Leere zu entmächtigen
und ein neues Singen erklingen zu lassen,
wo das Verstummen herrscht.

Nimm dich in acht
vor den Bescheidwissern,
die dich unter ihren Ratschlägen
begraben,
vor den Antwortbesitzern,
die ihre Lösungen
gebrauchsfertig zur Hand haben.
Den Weisen erkennst du
an seiner Achtsamkeit,
am Mut,
die Mühsal des Tastens und Fragens
auf sich zu nehmen,
den Weg durch Ungewisses
geduldig zu wagen.

Lass mich bei dir sein
mit guten Gedanken,
mit der Hoffnung,
dass deine Füsse dich tragen,
wenn du den Alleingang wagst.
Die Schatten,
die deine Jahre verdunkelt haben,
mögen an Macht verlieren
und hinter dir zurückbleiben,
dass Versteinertes
zu neuem Leben erwache
und dein Verstummtsein
ein Ende finde.
Bilder des Friedens
und Gedanken der Ermutigung
mögen den Weg in dein Herz finden,
dich aufzurichten
zu deiner wahren Gestalt
und deiner Seele Flügel zu geben.

Beschenkt bist du.
Es gibt Menschen,
die dein Erleben nicht unberührt lässt,
deren Verstehen dir wohltut
trotz aller Begrenztheit.
Kostbar sind alle,
die sich kein Urteil anmassen
und dich nicht zum Opfer
ihrer Selbstgerechtigkeit machen,
die dich in Schutz nehmen,
wenn andere über dich herfallen
wie Raubtiere über ihre Beute.
Gesegnet sollen sein,
die dich nicht allein lassen,
wenn du nicht mehr weisst,
wie es weitergehen soll.

Ich wünsche dir,
dass der Weg,
den du allein weitergehst,
unter einem guten Stern stehe.
Auch wenn der Mut
dich manchmal verlassen wird
und Wellen der Angst
über dir zusammenschlagen mögen:
In dir ist mehr Kraft,
als du jetzt ahnst.
Du wirst viel Geduld nötig haben
bis du verstehen lernst,
was dir geschehen ist
und sich zu ordnen beginnt,
was dich heillos verwirrt.
Es wird seine Zeit brauchen,
bis Vertrauen nachwächst
und Angst sich legt.
Ich wünsche dir,
dass du schwach sein kannst,
ohne dich niederzulassen
in Trauer und Ohnmacht,
dass du Schmerzen aushalten kannst
in der Hoffnung
über sie hinauszuwachsen
und der Neugier auf Leben,
wie es auch für dich sein könnte,
Tor um Tor zu öffnen.

Ein neuer Tag

Verwaiste Träume
Verhindertes Leben
Das war gestern
Heute beginnt
ein neuer Tag

Achtsam will ich sein
mit mir,
mich nicht mehr vergleichen
mit denen,
die ihr Leben mutiger
und entschlossener in die Hand nehmen,
als ich es vermag.
Es gehört zu meinem Weg,
dass es Tage gibt,
da die kleinste Herausforderung
mir zum Fallstrick wird
und die Verlassenheit
ein uferloser Krater,
der mich verschlingt.
Ich will annehmen lernen,
dass meine Grenzen enger sind,
als ich es mir wünschte.
Auch wenn ich wenig Kraft habe,
will ich suchen nach dem,
was mir Heimat gibt
in diesem gänzlich veränderten Leben.
Jeden Moment des Friedens
und der leisen Hoffnung
will ich dankbar willkommen heissen
und tief in mich hineinnehmen.

Hinter dunklen Horizonten

Ich will mich
nicht einrichten
im lichtlosen Grau
Ich lasse es mir
nicht ausreden
dass hinter dunklen Horizonten
neue Welten
sich auftun
Ein fremder Vogel
grüsst mich
farbenfroh
durchs offene Fenster

Wird kommen der Tag

Wird kommen
der Tag
da ich mich häute
und abstreife
die Trauer
Wird kommen
der Tag
da ich mich hülle
in die Farben
des Regenbogens
zu tanzen
auf den Gräbern
von gestern

Hoffnung

Im Staub
grauer Stunden
den leuchtenden
Augenblick finden
Heute
besucht mich
die Hoffnung
deren Namen
ich nicht weiss

Heute

Nicht fragen
was morgen ist
Genug
dass heute
Dinge mich finden
die Leben
verheissen

Morgentrost

Amseln
singen sich
in den Tag
Farben fallen
in mein Morgengrau

Ich lasse mich trösten

Mag sein
dass morgen
Bedrängnis
mich einholt
Heute
lasse ich mich trösten
vom Leuchten
des Mohns
vom Flug
der Libelle
vom festlichen Klang
der Wassermusik
und feiere
die Heimkehr
guter Erinnerungen

Es ist alles,
wie es war,
und doch ist alles
ganz anders.
Du weisst nicht,
warum der Tag
dich sanfter anschaut
und dein Herz
so sonderbar getröstet ist,
warum das Niegehabte
dich nicht quält
und die Stimmen
der Erbitterung
verstummt sind.
Seltsames Leben,
das fallen macht
und aufstehen lässt,
dich in die Flut wirft
und wieder ans Ufer trägt.

Ohne dich

Es gibt
was es nie
gegeben hat
eine Ewigkeit lang
Tage
da ich nicht
an dich denke
Ich sehe
den Kirschzweig blühen
und es tut
nicht mehr weh
Langsam wächst du
aus mir heraus
Langsam atme
ich mich frei
Ich mag leben
auch ohne dich

Eines Tages
wird der Abgrund
hinter dir liegen.
Die Hoffnung
soll uns erzählen
von der Heimkehr
der Freude
in dein Haus,
von wärmeren Tagen,
die Mut wachsen lassen.
Lass uns träumen davon,
wie es sein wird,
wenn die Fessel der Angst
sich löst
und du aufbrichst
in ein Land,
das Leben verspricht.
Eines Tages
wird das Gestern
dich nicht mehr
gefangen halten
und Friede wird einziehen
in dein Herz.

Weitergehen

Weitergehen
Vergangenes ruhen lassen
Schuld und Schicksal
nicht mehr entwirren wollen
Auch Scheitern
hat sein Wohin

Von Antje-Sabine Naegeli im Programm von Herder:

Antje-Sabine Naegeli
Die Nacht ist voller Sterne
Gebete in dunklen Stunden
13. Auflage, 128 Seiten, Paperback
ISBN 3-451-20936-5

Mit großer Sensibilität spricht Antje-Sabine Naegeli Trost zu. Sie widmet ihr Buch in besonderer Weise allen, die Begleitung suchen auf ihrem Weg durch die Nacht.

Antje-Sabine Naegeli
Du hast mein Dunkel geteilt
Gebete an unerträglichen Tagen
16. Auflage, 112 Seiten, Paperback
ISBN 3-451-20185-2

»Eine wertvolle Hilfe, um das Gespräch mit Gott auch an Tagen, die uns verdunkelt sind, nicht abreißen zu lassen oder es gerade dann neu zu suchen« (Fuldaer Zeitung).

Antje-Sabine Naegeli
Hoffnung hat viele Leben
72 Seiten, gebunden
ISBN 3-451-22286-8

Ein zauberhaftes Hoffnungsbuch gegen die Lebensangst: poetische Texte und einfühlsame Farbfotografien der Autorin, die das Leben lieben lehren. Mitten in einer kurzatmigen Zeit schenkt dieses Buch Möglichkeiten zum Meditieren und zum Atemholen im Alltag.

Antje-Sabine Naegli
Wenn Hoffnung Dein Herz erreicht
Wort der Zuversicht
24 Seiten, geheftet
ISBN 3-451-22768-1

Dieses Trostbüchlein wird Leidenden und Mitleidenden zum einfühlsamen und verständnisvollen Begleiter auf ihrem schweren Weg.

VERLAG HERDER